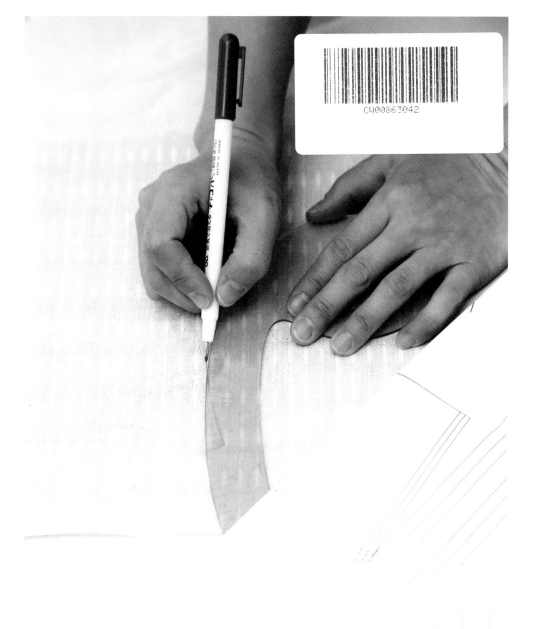

PREFÁCIO

A oração é o meio pelo qual o homem consegue se relacionar com Deus, confessando-lhe seus pecados, suas fraquezas e obtendo o perdão para suas constantes desobediências aos estatutos impostos por ele em seu evangelho, através de seu Filho Jesus, na Nova Aliança ou Nova Lei que deve ser seguida por aqueles que desejam um dia morar nas mansões celestiais. Neste primeiro volume da série " Heranças da Cruz", um estudo sobre o que herdamos por meio do sacrifício feito por Cristo, iremos entender a importância de se viver em permanente comunhão com o Senhor, orando sem cessar e buscando sua presença dia após dia, mas corrigindo, detalhes em nossa vida espiritual que possam nos impedir de adentrarmos ao santuário divino, como: O perdão aos nossos inimigos, o amor ao próximo, uma vida paltada em santidade, a fiel obediência à sua Palavra e evitando as paixões deste mundo. Pois esta deve ser a principal característica da igreja que será aceita por ele como sua Noiva: pura, santa e sem mancha alguma de pecados.

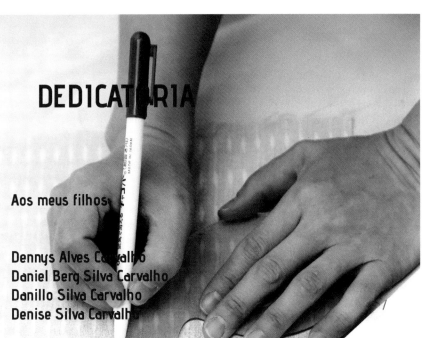

DEDICATÓRIA

Aos meus filhos:

Dennys Alves Carvalho
Daniel Berg Silva Carvalho
Danillo Silva Carvalho
Denise Silva Carvalho

E a todos que amam e obedecem a Palavra de Deus

RESUMO

"A Oração Eficaz" é um breve estudo sobre um dos mais importantes temas citados por Jesus nos evangelhos,a oração,pois é através dela que nós conseguimos nos relacionar diretamente com nosso Criador,sem a intervenção de um sacerdote,padre,pastor ou qualquer outro representante legal de uma religião.Depois da morte de Cristo no Calvário herdamos,além da salvação para aqueles que o aceitarem como salvador de suas vidas,dons importantes como o direito de nos dirigirmos ao Trono da Glória e colocarmos ali nossas necessidades,dores e clamores,com sinceras lágrimas e cientes de que seremos atendidos,quando o buscarmos de todo coração.O Noivo se agrada de ouvir e atender as petições de sua amada,mas também é exigente quanto a postura espiritual de sua igreja,ele é santo e requer santidade de seus filhos,e este livro nos permite refletir sobre esta condição indispensável para que haja esta comunhão entre nós e seu Espírito,até que ele venha.

EPÍGRAFE

" Pedi e vos será dado, buscai e achareis, batei e se abrirá; porque todo aquele que pede, recebe; o que busca, encontra; e a quem bate se lhe abrirá (Mt 7:7,8)

Capítulo — 1

SANTIDADE

O poder da oração não está na intensidade de nosso clamor ou da quantidade de lágrimas derramadas diante do altar,mas de alguns fatores excenciais que nos permitem chamar a atenção de Deus para nós.A primeira condição para que isto aconteça é a SANTIDADE,indispensável a quem deseja que suas petições cheguem aos ouvidos do Pai.O escritor da carta aos Hebreus alertou os irmãos daquela igreja que era necessário buscar " ...a santificação,sem a qual ninguém verá a Deus" (Hb 12:14). Não se engane,sem esta importante condição espiritual nossa voz sequer será ouvida.Ser santo,no sentido bíblico,não significa ser perfeito,sem pecados,mas viver contrário as normas e costumes do mundo onde habitamos.Cada um de nós,trazemos no espírito a medida certa de santidade a que seremos capazes de desenvolver na maturidade,uns conseguem evitar uma porcentagem tão alta de pecados em suas vidas que sua comunhão com Deus é admirável,outros mal são capazes de se manter fiéis a fé que abraçaram.

Tomemos Davi como maior exemplo bíblico de um homem que despertou sobre sí a atenção divina,devido sua vida digna e de constante oração, realizadas dentro das normas exigidas pelo Senhor.Lendo o livro dos Salmos, de sua autoria,entendemos de imediato a razão pela qual recebeu o título de " HOMEM

SEGUNDO O CORAÇÃO DE DEUS". Suas atitudes eram corretas, sua vida era coerente com os estatutos da Lei que lhes foi deixada por Moisés, era temente a Deus e o amava acima de tudo, sua primcipal ansiedade era se mater puro diante de seu Deus (Sl 51:10).Sem dúvida, este homem também pecou,como eu e você,mas recebeu,durante toda sua existência terrena,maior atenção dos céus,de que os demais israelitas de sua geração. Foi dele a linhagem de onde nasceu o Messias,que a a Bíblia denomina como "Jesus o filho de Davi" (Mt 1:1).

Podemos ver,em sua história descrita pelo profeta Samuel, as inúmeras vezes em que antes de uma batalha contra poderosos inimigos orava,pedindo a proteção divina e era imediatamente atendido,suas orações não eram engavetadas no céu, para uma posterior análise, mas eram respondidas no exato momento em que foram pronúnciadas .E por qual motivo aquele homem tinha tamanho privilégio diante do Altíssimo? Certamente porque levava uma vida pautada nos princípios divinos,naquilo que Deus requer para cada um de nós, que é a santificação, o esforço para evitar o pecado,o abandono dos desejos da carne humana e a submissão aos seus mandamentos,a obediência indiscutível, o desprezo do mal.(Sl 1: 1-6)

Salmos é, sem sombra de duvida, o livro bíblico de maior importância para quem deseja aprender como apresentar uma oração agradável à Deus,mas é importante considerar que não bastam apenas palavras vazias,sacrifícios tolos (Sl 51:17) é preciso esvaziar a sí mesmos,ser autêntico, verdadeiro, e acima de tudo está com a vida de acordo com as normas exigidas pelo Senhor. É necessário, primeiramente,retirar as manchas da desobediência e do pecado deliberado de nossas vidas,limpar a alma,purificar o espírito, santificar o coração, para somente depois comparecer diante do altar (MT 5: 23,24) ,usando vestes brancas,sem manchas,máculas ou rugas,resplandecendo a luz de suas obras (MT 5:16) para serem aceitas nossas preces e intercessões diante do Autor de todo o universo.

1.1 COMO MANTER-SE SANTO

Jesus nos ensinou como buscar e manter uma vida de constante santidade,sobre a importância de mantermos puros os nossos corações (MT 5:8).No mundo " moderno" em que vivemos,onde o bem quase desapareceu e as trevas morais dominam uma geração de costumes perversos e sem temor de Deus,fica cada vez mais difícil nos mantermos íntegros ao que nos dita o evangelho.Dia após dia o pecado e a devassidão se alastra sobre a face da Terra e o que podemos vislumbrar é somente uma escuridão de valores que cresce cada vez mais,cegando a visão da humanidade e conduzindo todos ao abismo da condenação eterna.Com certeza Cristo olha dos altos céus e se pergunta até onde a maioria das pessoas,que insistem em prosseguir na rebelião em que vivem,irão querer chegar com a prática se tanta maldade.

Mas,apesar de tudo ao nosso redor parecer perdido e quase não mais existirem quem de fato ainda tenha temor da ira divina,não devemos esmorecer e usar isto como desculpas para negar nossa fé e pararmos de permanecer fiéis àquele que nos prometeu justa recompensa. É possível sim,se manter puro num mundo contaminado pelo mal,consideremos o exemplo que nos foi dado pelos antigos cristãos que foram mortos sob cruéis torturas causadas pelos opositores da cruz de Cristo e mesmo assim não se corromperam nem negaram a confiança que receberam de que haveria uma recompensa para quem não cedesse aos desígnios do mal. (Ap 3:12)E é exatamente isto que ele,nosso Redentor,espera de cada um de nós, que nos esforcemos para permanecermos puros,incontamináveis neste século coberto pela lama do pecado moral,onde o maior prazer da maioria está em afrontar à Deus com abomináveis atos de sodomia e luxúria,relegando ao esquecimento tudo o que lhes foi ensinado sobre como viver dignamente (1 Pe 2: 13-25 3: 1-17)

1.2 - NÃO ADIANTA INTERCESSÕES

Os templos estão abarrotados de pessoas que enchem os altares de lágrimas e líderes religiosos cheios de ganâncias interessados apenas em aumentar cada vez mais os números em suas contas bancárias,através da doutrina dizimista ou da venda das bênçãos de Deus.Precisamos entender que ninguém, nem mesmo os considerados maiores e mais famosos ministros do evangelho desta era,podem interceder por nossas bênçãos diante de Deus.Quando ele decide ouvir e atender nossas orações nada impede de nos abençoar,a porta que ele abre para que possamos passar ninguém a fechará (AP 3:8a).Porém, se por qualquer motivo decidir nos amaldiçoar,negando suas bênçãos,nem mesmo a oração da mais ilustre pessoa do templo irá faze-lo mudar de ideia(DT 28: 1-68)

Foi assim nos tempos de Jeremias,quando o Senhor irou-se,devido a constante rebelião de seu povo e decidiu enviar inimigos para destrui-los,poderosas nações que habitavam em regiões longínquas, mas que vieram e destruíram cidades,queimaram suas casas e mataram suas familias,tudo porque o desonrraram,cometendo idolatria, prostituindo-se após outros deuses e praticando todo tipo de maldade perante os olhos do Altíssimo.Quando Jeremias,contristado com a sentença de morte recaída sobre seu povo,decidiu orar e interceder por eles,ouviu a dura repreensão: " Não intercedas por este povo,que inciste em me desafiar com seus constantes pecados,para que minha ira não se volte contra ti e derrepente te consuma" (Jr 11:14).

Se desejamos ter nossas orações ouvidas e atendidas,se buscamos ver recair sobre nós as bênçãos de Deus,o que precisamos fazer é concertar o altar de nossas vidas,com sincera humilhação, confissão de nossos pecados e o abandono imediato de nossas transgressões (1 jo 3:6) O Senhor ouve e atende as orações de cada um dos seus filhos,individualmente,levando em conta a condição espiritual,o amor que sentimos por ele,por sua Palavra,pelo evangelho de Cristo,o quanto estamos dispostos a abandonar nossos desejos pessoais,sonhos,projetos, os enganos fantasiosos deste mundo,para nos dedicarmos inteiramente a ele e à causa do seu Reino(1 jo 3:22)...Pouco importa a religião que professamos,se vamos ao templo regularmente (Jo 4:23),se nos consagramos todo os dias às cinco da manhã e por isto nos consideramos mais dignos da sua atenção (Lc18: 9-14) se possuímos funções edesiásticas na igreja da qual participamos,se somos ricos ou pobres...nada disso fará diferença alguma,se por ventura permanecermos com nossos braç (Lc11,39).Nossas orações permanecerão audíveis apenas aos nossos próprios ouvidos,não alcançarão a presença do Todo Poderoso e nunca serão atendidas,pois a multidão de nossas transgressões criarão uma barreira entre nós e os céus, impedindo que elas cheguem até o Trono da Graça.

1.3 A IGREJA MODERNA

Possuir o título de cristão, hoje em dia,passou a ser apenas uma forma de tentar enganar os olhos de Deus,no momento em que forem separados os escolhidos desta perdida geração na colheita de almas,profeticamente citada por João em seu livro (Ap 14: 14-20)As pessoas já nem crêem na ressurreição de Cristo,vão ao templo à procura de milagres, curas,prosperidade,resolver seus problemas,devotando sua crença num Pastor, Bispo ou qualquer um que se posicionar num púlpito e estender as mãos sobre elas,ordenando as bênçãos dos céus. Para a maioria dos chamados " cristãos modernos",pouco importa de onde estejam saindo os milagres,se de Deus ou do ilusório poder dado a satanás nestes últimos dias (AP 16:14),pois depois que saem dos templos onde se congregam voltam a praticar as mesmas torpezas de antes,jovens se prostituem pelos motéis, os casados cometem adultério,sem nenhum pudor roubam,enganam,mentem,caluniam,odeiam seus semelhantes,blasfemam,desrrespeitam pai e mãe... e no dia sequinte estão novamente lá, aos pés da cruz, pedindo para serem abençoados. Se agem assim, sem nenhum temor, é porque o deus que servem não é aquele que exige uma conduta santa de seu povo (Ap 16:15).

Capítulo - 2

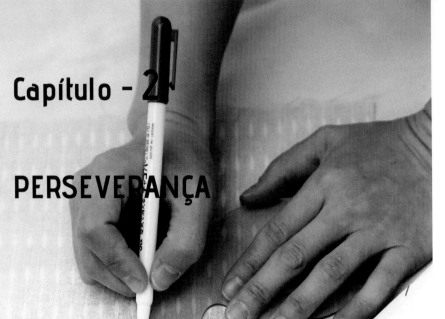

PERSEVERANÇA

Mateus,um dos discípulos de Jesus,ao descrever o ministério de seu Mestre no primeiro evangelho que lemos no Novo Testamento,faz menção de um fato milagroso ocorrido naquela ocasião,quando o Senhor se dirigia à casa de um homem ilustre para ressuscitar sua filha.Aconteceu que,segundo a narração bíblica,uma mulher que há bastante tempo vinha sofrendo de uma grave hemorragia e tinha sido desenganada pelos médicos da época, soube que Jesus fazia muitos milagres e que naquele momento passava por ali,tentou insistentemente se aproximar dele,enfrentando toda aquela avultuosa multidão, pois pensava consigo mesma: " se pelo menos eu tocar nele serei curada!" (MT 9:21).Ora,sabemos que Cristo era Deus (ou seu Filho) em forma humana e que tinha conhecimento de tudo,até dos pensamentos mais secretos.Assim que a mulher conseguiu tocar em suas vestes sentiu a imediata cura de sua enfermidade e Jesus,que percebia tudo em espirito,parou e,voltando-se para ela disse-lhe: " Tenha ânimo filha,tua fé te salvou! (curou) " (MT 9:22).

2.1 SEJA SEMPRE PERSEVERANTE

Nosso maior defeito é o desânimo! Quantas vezes iniciamos um periodo de oração em prol de algo e,por causa da demora em obtermos respostas, desistimos? Aquela mulher acreditou que se fosse persistente em seu propósito teria êxito e de fato isto aconteceu, logo que conseguiu tocar na orla das vestes do Senhor foi imediatamente curada.Deus gosta de ver nossa insistência por aquilo que precisamos para nossas vidas, mas se entristece quando nos vê desistir de lutar, pois não tem prazer nos covardes! Na oração, assim como em tudo, o que decidimos fazer na vida, é preciso extrema dedicação e esforço.O apóstolo Tiago, em sua carta, avisava os demais irmãos da igreja em Jerusalém que nem adiantava pedir algo a Deus conservando dúvidas em seus corações, pois quem assim agisse jamais receberiam dele qualquer coisa (Tg 1:6).A dúvida, a falta de paciência, o hábito de desistir fácil das coisas, a tendência em não percistir naquilo que buscamos...tudo causa um sério bloqueio entre nossas orações e o Trono da Glória, de forma que se torna impossível obter respostas às nossas súplicas.

Depois da santidade, a persistência é o fator predominante para quem espera receber algo de Deus, porque é ela quem dá vida a nossa fé.Dizer que tem confiança nas promessas do Senhor e ser incapaz de esperar nele com completa esperança é hipocrisia.Se cremos, esperamos, sem desfalecer, cientes de que receberemos o cumprimento do que nos prometeu (Lc 11: 9-13).Se na maioria das vezes pedimos e de imediato não recebemos o que aguardamos, será inteligente de nossa parte parar para refletir e tentar descobrir as razões pelas quais isto ocorre, começando por fazer uma auto avaliação de nossa conduta moral e espiritual para com Deus.Se concluímos que estamos com nossa vida totalmente paltada na vontade do Senhor, de acordo com sua santa vontade e em consonância com a sua Palavra, então o que nos resta é esperar nele com paciência, pois tudo se cumprirá na hora dele, não na nossa.

22 UM EXEMPLO DE PERSEVERANÇA

Lucas, outro seguidor de Jesus e mais tarde um dos doze

apóstolos, que escreveu o terceiro livro do evangelho de Cristo,narrou outro grande episódio que nos mostra a importância de permanecermos insistindo em nossos propósitos. Ele nos fala da parábola citada pelo Mestre sobre uma mulher que tinha certa questão judicial para resolver no tribunal da cidade,mas por se tratar de uma viúva pobre,sem recursos financeiros,seu caso era visto com desprezo pelo juiz,que era considerado mau e impiedoso.Porém, mesmo diante do fato de saber que poucas chances teria de convence-lo a dá qualquer importância ao seu problema não desistiu,todos os dias comparecia ali e cobrava daquele homem os seus direitos.A narração bíblica,feita por Jesus,nos diz que certo dia,cansado de tanto ser importunado pela viúva,o juiz desabafou: "Ainda que não temo a Deus nem aos homens,todavia como esta mulher me importuna todos os dias para que lhe faça justiça, resolverei seu caso para que não mais volte a me importunar!" (Lc 18: 1-8).

Esta parábola (história) contada por Jesus e registrada por Lucas,nos mostra como é determinante para quem deseja obter a resposta para suas orações jamais desistir.Aquela mulher era mais uma entre centenas de pessoas sem posses que tinham seus direitos refutados pelos detentores da justiça e eram tratados com descaso,mas ,diferente dos outros que se acomodaram,ela insistia diariamente para que aquele juiz desse atenção ao seu problema.De tanto ser incomodado,mesmo sendo incrédulo, arrogante e incapaz de dá valor ao semelhante,decidiu atende-la para que ela o deixasse em paz.No final da narração, Jesus explica que se aquele juiz,sendo mau,resolveu atender ao clamor daquela mulher,quanto mais Deus,sendo misericordioso,não atenderá nossas petições.

De fato, ele inclinará seu ouvido e nos ouvirá, mas as vezes se demorará em enviar a resposta que esperamos com tanta ansiedade. E fará isto exatamente para nos ensinar a ser pacientes, para desenvolver em nós o dom de saber esperar,pois esta qualidade é imprescindível na vida de seus filhos.Paciência é fé, é ser capaz de acreditar (Sl.).Salomão, no auge de sua sabedoria,escreveu que para tudo há um propósito debaixo dos céus: há tempo para nascer e morrer,amar e odiar,se aproximar e afastar-se,tempo de plantar e de colher...(Ec).Em alguns casos a resposta às nossas orações poderá surgir repentinamente, mas em outros demorar bastante.As razões são várias: desde o fato de nossa aliança espiritual com o Senhor está quebrada,devido o pecado,até ao simples motivo dele ter decidido nos fazer esperar,por sua própria vontade.Em alguns casos não recebemos o que pedimos porque aquilo que tanto queremos vai trazer prejuízos a nossa vida.Jesus explicou que como um pai,que sabe dá boas coisas aos seus filhos,assim também Deus fará, selecionando para nós apenas aquilo que nos servir para o bem (Mt 7: 7-11)

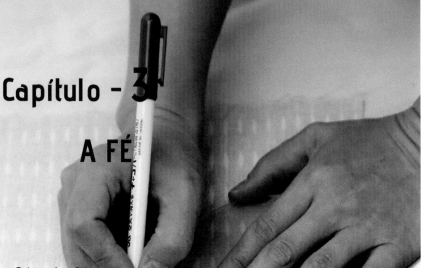

Capítulo - 3

A FÉ

O terceiro fator essencial para uma oração eficaz é a fé sem a qual é impossível agradar a Deus" (Hb 11:6).O escritor da carta aos Hebreus destaca diversos exemplos de homens e mulheres que,desde o princípio foram verdadeiros heróis na fé que depositaram em Deus e nas suas promessas (Hb 11:7-39).Aquelas pessoas não somente creram,mas se mantiveram fiéis até a morte, mesmo quando eram submetidas a terríveis torturas não esmoreciam nem negavam a confiança que um dia depositaram no Senhor

3.1 ESTEVÃO – O PRIMEIRO MÁRTI

No Antigo e Novo Testamento,há incontáveis casos de bravuras por parte daqueles que preferiram perder a própria vida a ter que desistir da fé que abraçaram.No início do cristianismo,após a ressurreição de Cristo,quando os discípulos passaram a divulgar com mais fervor o evangelho deixado por seu Mestre,as perseguições sobre a igreja foram terríveis ao ponto de centenas de cristão serem mortos pelo exército romano, onde entre eles se destaca Estêvão (At7:54-60)que foi assassinado por ordem do então Saulo de Társis, que posteriormente se converteu,abandonando o Judaísmo e unindo-se aos apóstolos,tornando-se mais tarde o principal deles (At 9:1-30)

Acreditar que Deus é um ser real,capaz de nos ouvir e

poderoso o bastante para resolver nossos problemas mais complexos,é necessário para realizarmos uma oração que possa surtir efeitos imediatos.Os primeiros cristãos realizaram feitos milagrosos no passado não porque fossem mais poderosos ou merecedores que nós, no presente,mas porque possuíam uma fé mais concreta,mais sincera em Deus ao ponto de aceitar a morte ao ter que nega-la.Com a modernidade a igreja no século XXI deixou para trás a chama e o calor do Espírito Santo e se apegou às fábulas criadas às religiões, superstições de homens,cujo principal objetivo é a busca desenfreada por riquezas (1 Tm 4:1-2)Atualmente os chamados "cristãos modernos"trocaram os ensinamentos de Cristo e de seus apóstolos, descritos na bíblia, por ensinamentos de Pastores e Bispos considerados pela maioria como verdadeiros "messias" da atualidade.

3.2 A APOSTASIA DOS ÚLTIMOS DIAS

A igreja cristã desta Era deixou a comunhão com aquele que criou nela o dom da fé, por esta razão perdeu a capacidade de operar verdadeiros milagres.Chegamos ao cúmulo de ver líderes espirituais "pagando cachê" para fiéis se passagem por deficientes em cadeiras de rodas e durante os cultos fingirem ser curados para conquistar mais adeptos para seus gigantescos templos,sempre repletos de pessoas desesperançosas à procura de solução para tantos problemas.A   humanidade   vive como ovelhas desgarradas, sem um verdadeiro pastor que às quie pelo caminho.Não compreendem que as bênçãos de Deus nos são   gratuitas,mediante a intensidade da fé que depositarmos nele,não necessitamos pagar por elas,nem fazer sacrifícios tolos,o que Deus requer de cada um de seus filhos é um coração puro e um espirito reto (SI 51:10) para que ele possa se aproximar,ouvir nossas petições e atende-las.

O mundo atual vive repleto de "lobos devoradores",falsos profetas que anunciam um evangelho adulterado, cheio de

14

pretextos para tirar dos desapercebidos o pouco que possuem (Mt 7: 15-20) Uma das principais exigências de Deus para seus sacerdotes do templo era que eles,os Levitas,não acumulassem possessões, ou seja,o povo levita iriam se dedicar a adoração e serventia do templo e tinham como regra nunca acumular bens materiais.Seriam sustentados pelos israelitas de geração em geração, pois seu trabalho seria adorar ao Senhor e ensinar a Lei ao povo.Hoje,os pastores evangélicos afirmam que a igreja deve mante-los com dízimos e ofertas para que possam se dedicar ao ministério.Até ai tudo bem,seria justo se eles agissem como os levitas em Israel e não vivessem acumulando milhões em suas contas bancárias, comprando fazendas e se tornando bilionários às custas da miséria alheia.Pois enquanto ficam "nadando" em dinheiro o povo morre de fome ao redor,fome de ouvir a verdadeira Palavra de Deus.

Mas nem tudo está perdido,ainda existe esperança para quem decidir depositar sua fé no verdadeiro evangelho da graça, deixado por Jesus à todos quanto nele crer.E esta é a decisão que devemos tomar neste momento de tantas incertezas,quando muitos surgem por ai vestidos de sacerdotes,disfarçados de atalaias,anunciando falsas profecias e se passando por falsos Cristos,enganando os incautos na fé. É muito importante,neste período de extrema apostasia (abandono da verdadeira fé) todos nós,que ainda cremos em Deus de todo coração, dobremos nossos joelhos cansados e oremos com maior determinação,santificando nossos corações e mantendo uma vida digna aos olhos do Senhor (1 Jo 3:3),intercedendo para que ele envie seu exército de anjos para nos livrar de tamanha perdição. Chegou o momento de pararmos com as tradicionais orações egoístas,aquelas em que nos preocupamos de pedir apenas ajuda pessoal ou familiar.Jesus já está cansado de receber no seu Reino pedidos de " cristãos egocêntricos",que só oram intercedendo sí ou para suas familias e esquecem de pedir em favor deste mundo que caminha à passos largos para um abismo moral e espiritual quase que inevitável.

Quem ler a Bíblia sabe que toda essa perdição foi predito por Jesus a mais de dois mil anos atrás (Mt 24:1- 44) confirmada pelas visões proféticas de João no Apocalipse.Mas não é porque toda esta apostasia,violência e corrupção é cumprimento da Palavra de Deus que façamos pouco caso e deixemos de interceder por um mundo cada vez melhor,pois Jesus afirmou que estas dores viriam somente para aqueles que desprezassem evangelho e relegassem seu sacrifício na cruz a segundo plano.Quando oramos segundo pra ela será lançada na terra apenas sobre os fiéis não nos religiosos,naqueles que usam máscaras de santidade,mas nos VERDADEIROS FILHOS DE DEUS! Pois existem por aí muitos falsos seguidores de Cristo,que pensam enganar o Espirito Santo mas quando o mal desce sobre os habitantes da terra eles também são alcançados pela ira divina,ai vemos a diferença entre os verdadeiros cristãos (1)o 2: 3-6) (1)o 3:6 - 10)

3.3 O EXEMPLO DE BARTIMEU

A cidade fortificada de Jericó era,séculos antes de Cristo,sinônimo de poder e grandeza.Ela é citada pela primeira vez na Bíblia no livro de Josué, o sucessor de Moisés que,após sua morte, entrou com Israel na Terra Prometida.Ainda naquela época, Deus mandou que seu exército rodeasse as altíssimas muralhas de pedra daquela cidade por sete vezes e depois gritassem bem alto enquanto os levitas tocavam seus instrumentos e ao fazer isto ocorreu um forte terremoto,as poderosas muralhas ruiram e vieram ao chão, deixando a cidade desprotegida.Israel invadiu e dominou seus moradores,apossando-se dela como herança de Deus ao seu povo.Os moradores da antiga Jericó eram cananeus,um povo adoradores de falsos deuses e que queimavam seus filhos ao deus Moloque.

E é exatamente ali,sé os mais tarde,que ocorre a história de Bartimeu,o cego de Jericó (Mc 10: 46-52).De acordo com o que foi descrito pelo apóstolo Marcos,em seu livro (O Evangelho segundo escreveu Marcos) naquela cidade existia um homem cego de nascença que ficava todos os dias em frente aos portões esmolando.Certa ocasião ele ouviu uma multidão que passava e chamou-lhe a atenção pelo enorme barulho que faziam.Curioso ele pergunta aos que com ele pediam esmolas,mas que possuíam visão a razão de toda aquela agitação e lhe explicaram que tratava-se de Jesus,o profeta da Galiléia, que estaria passando por ali e uma multidão o seguia.Então ele indagou por qual razão todos o seguiam,e ficou sabendo dos milagres que o Senhor fazia .Imediatamente analisou que aquela poderia ser a sua grande chance de mudar radicalmente sua triste situação,acreditou no seu coração que o Deus de Israel poderia usar as mãos daquele homem para lhe curar a cegueira e lhe restaurar a visão. E decidiu clamar por sua ajuda.

Como era cego e não podia se locomover sozinho, começou a gritar e gesticular desesperadamente,dizendo; " Jesus,filho de Davi,tem misericórdia de mim!". Enquanto a multidão passava alvoroçada ele alçava cada vez mais alto a sua voz e muitos incomodados com seu desespero diziam para que ele se calasse,pois o Mestre já estava longe e não poderia ouvi-lo.Mas Bartimeu não era de desistir tão facilmente de seus objetivos e sua fé, pautada pela persistência, fez com que Jesus mesmo distante mais de um quilômetro daquele homem,ouvisse o seu clamor e autorizasse seus discípulos para que o fossem buscar lá na entrada da cidade. Ao chegar ali ele caiu de joelhos diante do Senhor,chorando e beijando-lhes os pés, suplicando que ele tivesse compaixão de sua pobreza. A narração de Marcos afirma que Jesus ficou muito comovido com a forma em que se encontrava aquele homem,com sua humilhação e persistência, pois não desistiu de permanecer clamando por ajuda,mesmo quando todos tentavam desanima-lo,afirmando que seria impossível ele ser ouvido por Jesus,visto está ele muito distante.

O senhor,então, perguntou para o cego: " Que queres que te faça?"(Mc 10:51a) Bartimeu não pediu riquezas,bens materiais...ele apenas respondeu : " Eu só quero poder ver,Senhor!" Foi tocado nos olhos e imediatamente sua visão foi restaurada,de um miserável cego ele passou a ser um homem com novas perspectiva de vida,lenvantou-se e passou a seguir seu Mestre,com garantia de salvação e concretas esperanças de felicidade.Observemos a atitude de Bartimeu,ele não se deixou influenciar pelas palavras negativas de seus companheiros.Mesmo quando eles diziam para que desistisse do sonho de ser curado por Jesus,que o Senhor estava longe demais para ouvir seu clamor,não deu crédito ao péssimismo daquela gente e se manteve focado nos seus interesses,continuou clamando em alta voz até que finalmente foi atendido, recebendo a merecida recompensa por não desanimar e esperar com confiança,por sustentar sua fé até o fim.

Da mesma forma acontece conosco,várias vezes oramos e pedimos a misericórdia de Deus para nossas vidas e não obtemos respostas,parece que o Senhor se mantém distante demais de nós e os pessimistas de plantão surgem para tentar nos desanimar com palavras negativas,satanás de um lado nos dizendo que fomos esquecidos por Jesus e do outro os inimigos da fé tentando minar a pouca força que ainda nos resta.Mas olhemos para a história de Bartimeu,façamos como ele,demos pouca importâncias aos opositores de nossa confiança e aguardemos com perseverança,pois mo momento certo ele vai parar de andar com a multidão e olhar para nós, que ficamos para trás, e ordenar a seus anjos que desçam e nos conceda aquilo que tanto precisamos.Oremos sem cessar,em breve teremos a resposta para nossas petições.

Capítulo – 4

OPOSITORES DAS NOSSAS ORAÇÕES

Poucas pessoas sabem que nossas orações possuem fortes opositores presentes no mundo espiritual e lutam esforçadamente para impedir que elas subam até a presença de Deus ou desçam de lá como respostas.Além do pecado que causa uma forte barreira entre nós e os céus,podendo interferir na nossa comunicação com o Senhor, há os espíritos das trevas que vivem vinte e quatro horas travando uma potente luta contra os Serafins (anjos criados para atender nossas orações,muitas vezes resolvendo muitas de nossas necessidades sem que saibamos disso (Hb 1:14)) O Livro Sagrado nos fala de Daniel,um dos grandes profetas do Antigo Testamento,que certa ocasião orava por seu povo cativo na Babilônia após ter se rebelado contra o Senhor.Ele tinha uma íntima relação com Deus e geralmente suas petições eram respondidas de imediato,mas pela primeira vez ocorreu que ele orou por várias semanas e nenhuma resposta lhe foi dada (pois a ele era dada a visão de um anjo que aparecia e lhe falava da parte do Senhor),mas persistiu até que finalmente Gabriel,o principal dos Serafins,surgiu e lhe explicou que há muito tempo atrás sua resposta já havia sido enviada,mas um espírito das trevas atravessou-lhe o caminho e não permitia que passasse para lhe comunicar a resposta do Altíssimo.Foi então que veio Miguel,o príncipe dos Arcanjos,para travar uma grande batalha contra o demônio e afugentra-lo,permitindo a passagem do mensageiro (Dn 10:12-13)

4.1 ANJOS CELESTES

Ao criar os Céus e a Terra,Deus, também criou todo o seu exército de anjos para servi-lo em seu Reino (Gn 2:1) eles se dividem em classes e cada uma exerce funções em particular.Os Serafins são mensageiros (Dn 10:12-13 Lc 1: 26 - 38) os Querubins adoradores,louvam a Deus dia e noite,possuem aparência de animais ferozes e são de extrema glória e poder(Ap 4:6-11) e os Arcanjos são querreiros,anjos de batalha,sendo Miguel o principal deles (Ap12:7).Quando oramos e pedimos livramentos os Arcanjos são enviados para batalhar contra o mal e nos livrar,se pedimos uma cura divina,respostas de Deus ou qualquer outra bênção são os Serafins enviados para nos auxiliar.Os Querubins não se afastam do Trono,são os anjos de maior glória e resplendor, vivem constantemente perante a face do Todo Poderoso (Ez 1:1-28)Observe que tudo funciona em perfeita ordem,os Serafins não são anjos de batalha,eles apenas transmitem nossas orações a Deus e trazem suas respostas até nós. São extremamente poderosos e se forem ordenados a curar,curam,se for para abrir prisões, assim o fazem (At 12: 6 - 11),mas se limitam a não travar lutas com os espíritos das trevas.Vemos isto claramente no episódio vivido por Daniel (Dn 10:12-13).

4.2 ANJOS CAÍDOS

Grande parte dos seres humanos são incrédulos quanto as coisas espirituais,relegando ao desprezo tais assuntos.Estes são os verdadeiros incrédulos, pois negam a existência de um mundo superior ao nosso.Quem pensa que a vida se limita ao corpo está vivendo na idade da pedra e não do espírito.O termo "demônios" é usado apenas para caracterizar a situação de condenação e trevas dos antigos anjos de glória que se rebelaram contra Deus e foram lançados dos Céus para a terra pelos Arcanjos,a mando do Senhor (Ap 12:7,8).Satanás chamava-se Lúcifer e era o príncipe dos Querubins, responsável pelo louvor celestial.Por causa de sua inveja e desobediência foi condenado a viver para sempre na escuridão,juntamente com os demais anjos que o seguiram na rebelião.Note-se que este anjo era tão glorioso que onde pisava com seus pés o local se tornava ouro puro,mas perdeu todo seu resplendor e hoje vive em trevas (Ez 28: 13-19 Is. 14:12-15).

Agora entendemos como tudo funciona,existem dois mundos,um material e outro espiritual,e o espiritual se divide em luz e trevas.Nós, seres humanos,habitamos meio a toda esta guerra que é travada entre estes dois lados poderosos e somos influenciados por eles.Quem pratica o mal está dominado pelas trevas,os que fazem o bem e buscam a luz são de Deus.Quando oramos ao Senhor despertamos a revolta daqueles que vivem na escuridão e centenas ou até milhares deles vem tencionados a nos calar,nos destruir.Porém nada conseguem contra aqueles que verdadeiramente estão firmados em Cristo e na sua Palavra,pois outros milhares de arcanjos são enviados para nos livrar.Mas ,quanto àquelas pessoas que vivem na incredulidade, os maus espíritos vem e matam,destroem,corrompem e fazem todo tipo de maldade,porque estão desprotegidos,sem a luz de Cristo.Estes anjos caídos são inimigos de Deus e odeiam os homens,sua principal criação. Tudo farão para impedir nossa felicidade e se colocarão entre nós e os ouvidos do Altíssimo,como uma parede invisível,com a finalidade de causar separação entre nossa s vozes e ele,afim de que não nos ouça e assim percamos nossas bênçãos. Será que com todo o poder divino os espíritos das trevas ainda conseguem fazer tudo isto na vida dos santos? Lembre-se que o Diabo foi ousado ao ponto de tentar o próprio Cristo,no deserto,oferecendo-lhe riquezas materiais para a que o adorasse,quanto mais tentar atrapalhar nossas orações.

4.3 ARMADILHAS ESPIRITUAIS

Os demônios, ou anjos caídos, são extremamente inteligentes. Consideremos o fato de que eles pertenciam a classe dos Querubins, os anjos de maior glória celeste, responsáveis em cercar o Trono de Deus. Assim, eles são incrivelmente hábeis ao traçar planos malignos contra nós, seres humanos. Um dos meios mais usados por eles para atrapalhar nossas orações é a transferencia de pensamentos negativos para nossas mentes. O que devemos saber sobre os espíritos, para quem não for cético (incrédulo) sobre este assunto, é que eles se comunicam por pensamentos. Não pense que as influências espirituais acontecem diretamente aos nossos olhos e ouvidos, somos receptivos aos ataques do mundo oculto através de nossas mentes. O bem ou o mal fazem uso de nossos sentimentos e desejos para nos fazer tomar decisões que irão prejudicar ou abençoar nossas vidas futuras. Por exemplo: quando desejamos algo proibido que com certeza nos trará prejuizos ou temos a leve intuição que se tomarmos determinadas decisões teremos ótimos resultados, e isto realmente acontece, estamos sendo influenciados positiva ou negativamente pelo luz ou pelas trevas. O maior erro de muitos é acreditar que seus inimigos espirituais irão se manifestar em forma física para tentar destrui-los, a batalha com estes adversários é oculta, secreta, invisível.

4.3 UMA ARMA CONTRA O MAL

Porém, é importante saber algo notável nesta questão: os espíritos do mal são capazes de causar influencias em nossas mentes apenas de fora para dentro, ou seja, eles são incapazes de ouvir o que pensamos, diferente daqueles que estão na luz (celestes) que sabem em detalhes todos os nossos atos e pensamentos, porque Deus lhes permite tal poder. Jesus advertiu a seus discípulos que ao orar deveriam entrar em seus quartos e "... fechando a porta atrás de si falem em secreto com o Pai que tudo conhece e em secreto ele vos responderá"(Mt 6:6).Este trecho bíblico mostra claramente que somente o Senhor,e consequentemente seus anjos,possuem a capacidade de ouvir o que pensamos.Os anjos caídos perderam esta condição quando foram expulsos do paraíso, mas ainda são capazes de nos fazer pecar,incutindo idéias malignas em nossas mentes.Por exemplo: são eles quem levam alguém a matar,roubar,estuprar uma criança ou mulher,ser desonesto,infiel,se prostituir, cometer adultério,mentir.Eles se aproximam e usam seu poder para nos influenciar na prática do mal e se aceitarmos tal incentivo pecamos.

Em relação a oração que fazemos,Jesus foi enfático ao declarar " ...e em secreto falem com o Pai...",deixando claro que esta é a única forma de manter nossa conversa com Deus em segredo.Os pentecostais são oradores fervorosos,mas cometem o erro de revelar seus propósitos em oração aos seus inimigos espirituais.Por exemplo: Um homem está desempregado e busca ajuda no Senhor para conseguir trabalho num determinado local.Vai ao templo participar das conhecidas campanhas de oração e lá fica orando em voz alta,falando diante de todos o propósito de está ali.Certamente Deus o ouvirá,mas os opositores também, e imediatamente criarão um plano maligno para impedir que aquele projeto se realize em sua vida.De que forma farão isto?Ora,eles enviarão emissários até àquela empresa para colocar um sentimento de mal humor nos funcionários ou proprietários do estabelecimento, afim de que não lhe dê a devida atenção.Podem causar acidentes no caminho ou fazer com que seu currículum seja rejeitado,mesmo com todas as experiências nele contidas...E Deus,não irá intervir a seu favor?Não, porque ele desobedeceu seus conselhos de apresentar seus propósitos a ele em secreto,revelou tudo ao mal e agora que sofra as consequências.Portanto,aprendamos a apresentar nossas ansiedades apenas para o Senhor e a mais ninguém.

Capítulo - 5

DÚVIDAS

Já fiz menção deste tema nos capítulos anteriores,mas gostaria de dá maior ênfase ao assunto,devido ser de grande importância entendermos o grande prejuízo que esta fraqueza de espirito pode nos causar.Tiago,enfatizou o risco de não se ter a oração atendida por Deus,caso quardássemos dúvidas no coração ao apresentarmos a ele nossas petições (Tg1:6).Ele chegou a afirmar que nem nos enganássemos quanto ao fato de que,depois da dúvida,acreditar que ainda seriamos atendidos.Fica patente o desprezo que o Senhor tem para com aqueles que não são capazes de confiar no seu poder,e temos de admitir que ele está corretismo!Imagine eu ou você, afirmando para alguém que podemos realizar algo a seu favor e este desacreditando em nossas promessas,quando temos certeza que podemos ajuda-lo,não ficamos irritados?Ora,se nós que somos falhos nos irritamos por alguém duvidar de nossas potencialidades, imaginem Deus que pode todas as coisas?

5.1 A INCREDULIDADE DE ISRAEL

Quando Israel estava atravessando o deserto em direção à terra prometida e receberam a ordem de invadir Canaã, para tomar posse da herança que Deus lhes havia prometido,a maioria ficou assustada com os gigantes que habitavam ali e disseram a Moisés " Mais antes tivéssemos permanecido no Egito a ter que

morrer pela espada de es que são mais fortes que nós!"
Apenas Josué e Calebe criam que o Senhor lhes daria a vitória (
Num 14: 1-12) Esta indisposição em crer no poder de Deus,após
ele ter feito tantos milagres,lançando as sete pragas em Faraó e
ao abrir diante deles o mar vermelho,acendeu a ira de Jeová que
jurou a Moisés; " Com pestilência os ferirei e os deserdarei,farei
de ti um povo maior e mais forte do que este(Num 14: 12)Não
foram destruídos ele mesmo no deserto porque o servo do
senhor intercedeu para que se aplicasse sua ira (Num 14: 13-19). A
incredulidade sempre foi e será uma das maiores fraquezas do
ser humano, não é fácil ter fé.

5.2 O CEGO DE NASCENÇA

Durante o ministério de Jesus os Fariseus e Saduceus,lideres
das duas mais importantes religiões na época,eram céticos
quanto ao fato dele ser mesmos o Messias esperado pelos
Judeus,profetizado por Isaías e os demais profetas,e o
perseguiam com calúnias e difamações.Mesmo presenciando os
incontáveis milagres que ele realizou inúmeras vezes diante de
todos,permaneciam incrédulos quanto ao ser ele o Filho de
Deus.Em determinada ocasião encontrou um homem que era
cego de nascença, cuspiu na terra,fez um lodo e passou nos
olhos dele,que imediatamente veio a enxergar.Daquele momento
em diante o seguia e as pessoas que antes o viram próximo ao
Templo,pedindo esmolas,perguntavam como havia sido curado e
ele explicava que tinha sido Jesus.Os Fariseus,completamente
tomados de ira,pois afirmavam ser Jesus um falso
profeta,intimaram os pais daquele homem e lhes perguntaram se
de fato seu filho era mesmo cego,o que eles confirmaram,mas
mesmo assim insistiam em não querer acreditar que o Senhor
tivesse aberto os olhos do cego (Jo 9: 17-20).

A falta de fé é o que nos impede de alcançar o que
esperamos.Se ao orarmos deixarmos brotar qualquer resquício
de dúvida dentro de nossas mentes o milagre deixará de

acontecer,não que ela de alguma maneira torne Deus incapaz de agir a nosso favor, pois seu poder é incomparável e se quiser nos abençoar nada o impedirá, mas porque ele se entristece com nossas desconfianças e desiste de nos dá o que pedimos.Coloquemo-nos no lugar de pai e analisemos o seguinte: Se sempre nos esforçamos para dá a nossos filhos tudo de bom e do melhor e um dia,quando ela precisa de algo realmente importante,deixe de nos procurar e vai pedir ajuda para outra pessoa,por achar que nós não seriamos capazes de suprir sua imediata necessidade,como nos sentiremos ao perceber que ele não confiou em nossa capacidade de ajuda-la? Pois com Deus a situação é idêntica, ele deseja que acreditemos no poder que possui de nos abençoar, que esperemos nele com completa certeza de que nosso pedido foi ouvido e será atendido em breve,que descansemos nesta certeza.

5.2 O EXEMPLO DE ABRAÃO

Este homem ficou conhecido como " O Pai na Fé" para todos os israelitas.Sua surpreendente história descrita em Gênesis serve como base para toda e qualquer ideia sobre fé,porque ele creu em Deus de uma forma jamais vista.Quando recebeu a promessa de que herdaria a terra de Canaã não duvidou e seguiu em direção ao lugar prometido (Gn 13:14-18).A segunda promessa recebida foi de que sua esposa,Sara,teria um filho.Acontece que ela era estéril,mas mesmo assim ele creu na promessa de ser pai,porque sabia que Deus não o enganaria (Gn 15: 1-6),e de fato Sara engravidou e gerou a Isaque,de onde foi originada toda a descendência de Israel.Será que se Abraão duvidasse da promessa que lhe foi feita teria se tornado o pai de uma grande nação,por intermédio de um filho que parecia ser impossível gerar,sendo Sara uma mulher estéril?O milagre só aconteceu porque em nenhum momento teve qualquer dúvida de que tudo seria exatamente como o Senhor lhe havia dito que faria.

E o mais interessante desta história é que depois de o menino crescer e Abraão já ter-se afeiçoado a ele,Deus decide fazer o último teste de fé com seu servo,pedindo que ele sacrificasse seu único filho.O que você faria diante de uma prova dessas? Estaria disposto a dar para Deus o seu bem mais precioso como prova de submissão e obediência?Pois saiba que aquele homem foi capaz de obedecer e levou Isaque para um monte,decidido a sacrifica-lo a Deus.Porém, não foi preciso executar o ato contra o menino,pois quando ia cravando a faca no peito da criança,que estava amordaçada sobre uma pedra,o anjo segurou a mão de Abraão e impediu a coisa.Nosso Deus não aceita sacrifícios humanos,somente aceitou o de Cristo para salvar toda a humanidade(Gn 22: 9-18).Se todos nós tivéssemos a fé de Abraão tudo seria mais fácil,pediríamos algo e logo receberíamos,mas nossa confiança em Deus é tão pequena que mal dá para nos permitir aceitar seu Filho como salvador e frequentarmos uma igreja.Somos incrédulos e esperamos ser abençoados,isto é uma grande ironia.Jesus disse que se tivéssemos a fé do tamanho de um grão de mostarda pediríamos o que quiséssemos e seríamos atendidos (Mt 17:20),mas ela é tão minúscula que nossas orações não passam do teto de nossas casas.A oração eficaz é uma oração de poder,aquela que trás resultados imediatos,não nos permitindo esperar,porque move as mãos de Deus em nossa direção.

Capítulo - 6

ORAÇÕES DE PODER

Antes de confrontar-se com o tentador,Jesus primeiro passou quarenta dias e quarenta noites jejuando e orando ao Pai no deserto.A pergunta que muitos se fazem é: " porque,sendo o Filho de Deus,ele precisou orar e jejuar tanto para poder suportar a tentação?".Quando ele tomou a forma humana perdeu muito de sua glória como um Deus,o escritor da carta aos hebreus citou um trecho dos profetas: " Tu o fizestes um pouco menor que os anjos..."(Hb 2:7a).Observe,Caro leitor,que o corpo no qual habitamos cria uma barreira na relação espiritual entre nós e os céus,agora que Cristo havia se tornado homem precisava agir como tal,jejuar para enfraquecer a carne,fortalecendo seu espírito,e depois orar para manter comunhão com o Pai.Se ele,sendo também um Deus,precisava orar e jejuar constantemente para manter uma permanente comunicação com o Reino de onde havia vindo,quanto maior deve ser a nossa dedicação neste sentido para que sejamos ouvidos por nosso Criador.Quem tentar enfrentar as tentações do maligno e suas armadilhas expostas neste mundo,sem preparo espiritual, fracassará.Eis ai a razão do atual enfraquecimento da igreja moderna deste século,os cristãos de agora já não oram como os de antigamente.A falta de santidade,a diminuição da fé e o desprezo a uma vida de constante oração tem levado o povo de Deus a viver sem sua presença.

6.1 A ASTÚCIA DE SATANÁS

Ao perceber que Jesus se encontrava no deserto,Satanás foi até ele e lhe fez propostas com o propósito de impedir sua caminhada rumo ao Calvário (Mt 4:1-11) ele tinha em mente que ao ocupar a forma de homem Jesus sentiria no seu coração os mesmos desejos e ambições das outras pessoas,e ele estava com a razão.Alguns pensam que Cristo por ser o Messias vindo de Deus,não sentia em seu corpo físico as mesmas necessidades que nós, meros pecadores.Mas nos enganamos quanto a isto.Jesus sentiu em seu coração humano tudo o que sentimos hoje,a própria Bíblia afirma ao dizer "E visto como os filhos participam da carne e do sangue,também ele participou das mesmas coisas,para que pela sua morte aniquilasse aquele que tinha o poder do pecado ,isto é,o diabo.Porque naquilo que ele mesmo foi tentado,ao ser tentado,agora pode socorrer aos que vivem debaixo da tentação"(Hb 2: 14,18)Entendemos nisto que ele teve que passar por todo tipo de tentação humana para compreender o que sentimos hoje e ser capaz de defender as nossas causas diante do Pai,como nosso advogado.A Palavra nos ensina que após retornar para os céus Jesus foi coroado Rei e assentou-se á direita do pai (Sl 110:1 Hb 1:13)depois de ter executado honrosamente o plano para nos resgatar de nossa vã maneira de viver, agora atua como nosso defensor diante de seu Pai,para que não venhamos a ser condenados (1 Jo 2:1)

6.2 A IMPORTÂNCIA DE ORARMOS SEMPRE

A oração é única forma que temos de nos comunicarmos diretamente com nosso Pai nos céus, e sem esta relação cria-se um distanciamento entre nós e a fonte de seu poder,nos impedindo assim de ser ouvidos e atendidos por ele.Portanto,torna-se indispensável mantermos uma vida de constante oração,para que a relação entre pai e filhos não seja cortada e nossas bênçãos sejam permanentes.Volto aqui a citar Davi como um dos maiores exemplos de comunhão,suas orações em forma de salmos são uma prova real de que em nenhum momento se descuidava de está na presença do Senhor (Sl 3: 4,5),nos momentos de angústia ou desespero,quando seus inimigos lhe cercavam e atentavam contra sua vida,era nele que colocava sua confiança (18:6),se havia alegria,voltava-se para adora-lo (Sl 102:2) e quando estava na batalha com seus soldados,lutando contra os inimigos de seu povo,empunhava a espada nas mãos,mas não confiava em sí mesmo e sim no Deus de Israel (Sl 27: 2,3).Sem dúvida,foram as incessantes orações de Davi que o fizeram prosperar,e mesmo depois que tropeçou e caiu em adultério com Batseba,obteve o perdão e a restauração de seu reino,mediante a misericórdia do Deus que adorou durante toda sua existência.

Nossas constantes desventuras são resultados de uma curta relação com o Senhor,alegamos não ter tempo para ir ao templo,frequentar os cultos,participar das reuniões de orações...Mas devemos lembrar do que disse Jesus para aquela samaritana,próximo ao poço de Jacó: " mulher,mas a hora vem,e agora já é,em que os verdadeiros adoradores adorarão a Deus em espírito e verdade".O que ele queria esclarecer é respeito da adoração é que nós não precisamos está dentro de um templo para nos dirigirmos a Deus em oração,podemos conversar com o Senhor onde estivermos:em casa,no trabalho,andando pelas ruas,de pé ou sentado,deitados... orar em espirito e em verdade é está conectado a ele em todos os lugares por onde andarmos,com a mente e o pensamento.A oração,quando constante,nos traz paz e sossego (Sl 116: 7,8),confiança e firmeza de propósitos (Sl108:1),prosperidades (Sl 12:3),muda nossa sorte (Sl 113: 7-9),faz com que Deus se acostume em ouvir nossa voz (Sl 116:1,2) e tenhamos certeza de que seremos atendidos sem demora,quando madrugarmos na sua presença (Sl 119: !47,148.

6.3 AS PODEROSAS ORAÇÕES DE ELIAS

Elias é considerado o maior, (em poder) profeta do Antigo Testamento,seu nome se tornou referência na história de Israel por seus feitos e,principalmente,pelo fato de não ter passado pela morte física,pois foi arrebatado num carro de fogo pelo Senhor (2 Rs 2:11).As poderosas orações realizadas por este homem também são notáveis e isto de dava porque ele possuía uma incomparável comunhão com áquele a quem servia.Certa ocasião confrontou-se com os falsos profetas de Baal,um dos deuses dos cananeus que os israelitas,rebelados contra o Senhor,decidiram adorar,para provar ao povo rebelde que estavam seguindo um deus morto e que somente Jeová era verdadeiramente poderoso,orou e pediu que caísse fogo do céu,o que aconteceu ali mesmo,na presença de todos e os fez se arrepender de seus pecados (1 Rs 18: 20-40),em grande tempo de seca em Israel,Acabe seu rei,lhe pediu que intercedesse ao Senhor para que enviasse chuvas sobre a terra e orou,sendo atendido por Deus que fez chover (1 Rs 18: 41-46),durante este mesmo tempo viveu num certo lugar a mando de Deus,nas torrentes do Rio Querite,fronteira do Jordão, e ali foi alimentado pelos corvos que lhe traziam todos os dias pão e carne (1Rs 17:5,6) ,um dia orou a favor de uma viúva,bastante necessitada,e profetizou que nunca mais lhe faltaria o sustento e assim se fez.Mais tarde,o filho daquela mulher veio a falecer,o profeta orou e o menino ressuscitou (1Rs 17:1-24).

6.4 O PODER NAS ORAÇÕES DE ELISEU

Eliseu era assistente de Elias e assumiu seu ministério profético após ser elevado para os céus num carro de fogo(2 Rs 2:1-12),foi um grande homem de Deus e realizou os mesmos feitos milagrosos de seu mestre.Logo que recebeu de Elias o manto que lhe concedeu a mesma força de poder,orou ao Senhor e fez com que as águas de um rio que estava á sua frente se lhe abrissem,e passou em terra seca por ele(2 Rs 2:14)A cidade de Jericó localiza-se ás margens de um largo rio,mas naquela época suas águas eram ruins e os moradores pediram ao profeta para orar a Deus afim de que ele tornasse as águas potáveis,ele orou e o Senhor o atendeu (2 Rs 2:19-22).Certa ocasião Eliseu andava pelo caminho e,como era calvo(com poucos cabelos sobre a cabeça)várias crianças zombavam dele,irando-se contra elas orou ao Senhor e da floresta saíram duas ursas e devorou quarenta e duas delas (2 Rs 2: 24) Um dia os reis de Edom e Israel teriam que enfrentar uma forte batalha contra os outros reis mais poderosos e Josafá pediu a Eliseu que orasse ao Senhor para conceder-lhe a vitória sobre seus inimigos.O profeta consultou ao senhor em oração e o mesmo permitiu a vitória de Josafá,além de fazer o milagre de encher os poços de Edom com tanta água que transbordaram (2 Rs 3:17-20).Um certo amigo de Eliseu veio a falecer,deixando filhos órfãos e uma viúva endividada,o profeta então orou e Deus encheu milagrosamente várias botijas de óleo de oliveira,na casa daquela mulher,de sorte que ela vendeu e pagou suas dívidas com o rei,que já ameaçava levar seus filhos escravos.(2 Rs 4: 1-7)

Certo dia este mesmo profeta conheceu um casal que lhe deu casa e comida por longo tempo,por querer ser grato,ele orou e Deus concedeu um filho homem aos dois,já sendo o esposo daquela mulher bem velha.Mas depois de crescido,anos mais tarde,o menino veio a morrer e aquela mulher caiu em tristeza.Eliseu orou ao Senhor,Deus de Israel,e o menino voltou a vida (2 Rs 4: 8-37)Noutra ocasião,quando uma grande época de fome e seca tomou conta das terras de israel,um grupo de rapazes colheram um fruto venenoso da floresta,sem saber que era perigoso,o cozeram e estavam comendo,quando alguém lhes advertiu sobre o perigo.O profeta imediatamente orou e o mal passou,todos comeram o alimento e nada de ruim lhes aconteceu (2 Rs 4:38-41)Naamã era um comandante do rei da Síria e também muito rico,porém vivia acometido de lepra e mesmo buscando todos os recursos medicinais de sua época não conseguiu cura.Ao saber da existência deste profeta em Israel e que ele realizava tantos milagres por meio de suas orações,foi até ele para conseguir sua cura.Eliseu,Após orar ao

Senhor,mandou que Naamã tomasse banho nas aguas do rio jordão,e logo foi curado (2 Rs 5: 1-19) e para encerrar,o maravilhoso caso em que,ao trabalhar com o machado um dos seus companheiros deixou a ferramenta cair no rio e após uma poderosa oração Eliseu fez o machado flutuas sobre as aguas (2Rs 6:1-7)

6.5 A ORAÇÃO DE A

Existia em Israel uma mulher que era muito humilhada pela segunda esposa de seu marido (naquela época um homem podia ter várias esposas) pelo fato de não ter filhos.Um dia foi ao templo e orava com muita amargura na oração pedindo um filho a Deus.Devido a forma como se derramava em lágrimas diante do Senhor foi ouvida e engravidou de seu esposo,ela foi a mãe do profeta Samuel (1 Sm 1: 1-28)

6.6 A ORAÇÃO DE JOSUÉ

Para concluir este tópico quero citar o exemplo de Josué,quando enfrentava uma batalha contra um poderoso inimigo e percebeu que com o cair da noite seu exército perderia a batalha,orou e pediu a Deus que parasse o sol e foi atendido.Durante todo o tempo em que travou a batalha o sol permaneceu parado no céu,até que o último adversário caísse por terra (Js 10:12-14).Quem em pleno século XXI conseguiria tamanho feito por meio de uma oração?Aquele que,como Josué busque total e completa dependência de Deus em sua vida,pois ele mesmo nos garantiu:" Tudo é possível ao que crer"(Mc 9:23b)

Capítulo - 7

QUANDO DEUS SE CALA

7.1 - ATOS QUE CALAM A VOZ DE DEUS

Há ocasiões em que Deus decide se calar e não dá respostas ás orações de seu povo.As duas páginas em branco,localizada entre o Novo e Velho Testamento na Bíblia,representam cerca de quatrocentos anos em que Israel ficou sem ouvir a voz do Senhor.Depois da morte de Malaquias,o último dos profetas de Israel,antes de Cristo,Deus se calou e por quatro séculos se negou a ouvir qualquer oração feita em seu nome.A razão de tanto tempo em silêncio foram os constantes atos de rebeldia dos israelitas que sempre o afrontavam.Saul,primeiro padeceu com o silêncio de Deus,após ser desobediente ás ordens dele recebidas(2 Sm 28: 15).Davi,apesar de tamanha comunhão com Deus,depois que pecou ficou incomunicável com o Senhor SI 55: 1,2),seu exército pereceu (SI 66:11),foi rejeitados pelo silêncio de sua voz (SI 74: 1)viveu pertubado (SI 77:4).Nossos pecados nos separam do Altíssimo.Quem desejar ter suas orações levadas até a presença de Cristo deve,antes de tudo,manter-se fiel á sua Palavra e permanecer moralmente santo,pois esta é a principal condição para uma relação saudável com ele (1 Pe 15,16) (Is 59:1,2)

a) ADULTÉRIO

Na verdade,não existem pecados grandes ou pequenos,mas

34

com certeza há aqueles que acendem a ira de Deus mais que outros.Adulterar é o ato de se envolver sexualmente com outra pessoa que não seja seu cônjuge e é umas das mais graves formas de afrontas contra a santidade do Altíssimo.Quando um homem decide tocar intimamente no corpo de uma mulher que não lhe pertence por direito causa indignação em Deus que imediatamente determina a justa vingança contra os envolvidos.Na época da Lei os israelitas apedrejavam os adúlteros até a morte(Lv (20:10) por determinação do Senhor.Apesar da Lei ter sido cumprida por Jesus e hoje já não surtir qualquer efeito sobre os cristãos da atualidade,quanto a este grave pecado quase nada mudou.Cristo ensinou que se não for por causa da infidelidade por parte da mulher o homem permanecerá ligado a ela enquanto viver,e se ocorrer separação entre o casal por qualquer outro motivo e se unirem a outras pessoas,ambos se tornarão adúlteros (lc 16:18; Mc10:12;Jr 23:10 ; 13:27).O mundo moderno,por rejeitar as verdades descritas no evangelho,vive em completo adultério,seguindo suas regras de absolutismo,onde cada um vive como achar melhor.Mas este pecado é muito grave e levará os que o praticam a viver nas trevas após suas mortes e permanecerem sem a atenção divina enquanto viverem,ele não atende as orações de adúlteros

b) PROSTITUIÇÃO

Prostituir-se constitui em alguém se envolver sexualmente com outra pessoa sem antes contrair matrimônio.Somente por meio do casamento temos o direito de praticar sexo,pessoas solteiras,jovens e adolescentes não tem o direito a este prazer,ao pratica-lo se prostituem.E esta prática causa separação entre eles e Deus,que vê a prostituição como a segunda maior rebeldia contra sua santidade,ficando retidas suas orações.Como na atualidade a maioria dos que se dizem conhecedores da verdade,particularmente os jovens,vivem pelos motéis,a nova geração de cristãos não são capazes de apresentarem a Deus uma oração agradável e que desperte nele o desejo de atende-las.Vemos nas igrejas evangélicas moças e rapazes que fazem pregações admiráveis,cantam louvores que nos encantam,mas se pudéssemos vislumbrar o que praticam por trás de quatro paredes morreríamos de vergonha.Cantores evangélicos de sucesso,que conquistam milhares de fãs não passam de adúlteros ou prostitutas mascarados com a bandeira do evangelho,fingindo uma santidade inexistente, enganando os fãs que se maravilham durante os shows,convencidos que realmente estão diante de verdadeiros servos do Senhor,ou glorificam ao vê-los nos púlpitos pregando,crendo serem eles cheios de unção,quando não passam de fingidos,cujos corações vivem cheios de todo tipo de maldade (2 Pe 2:1).Como tais pessoas poderiam possuir poder em suas orações?.Esta é a razão do evangelho ter perdido a capacidade de salvar os pecadores e transformar vidas nesta época,muitos se convertem,mas não permanecem salvos,se desviam com facilidade do caminho da salvação,e isto é porque aqueles que anunciam as Boas Novas estão mais manchados pela imundície do pecado que seus ouvintes,não dão mais bons exemplos aos novos na fé,pois eles mesmos já não são cumpridores da Palavra que ensinam (Tg 1:22)

c) INIMIZADES

Além da pureza de espírito como condição excencial para ser ouvido por Deus,manter uma relação amigável com todas as pessoas ao nosso redor é primordial.O escritor da carta aos Hebreus alertou " buscai a paz com todos...sem a qual ninguém verá a Deus" (Hb 12:14) (1 Jo 2: 9-10).As inimizades bloqueiam nossa comunicação com Deus,Jesus nos adverte em seu evangelho que se ao orarmos lembramos que magoamos alguém,devemos imediatamente ir fazer as pazes com tal pessoa e somente depois dá continuidade a oração (Mt5:23-26).O ódio,rancor e qualquer discórdia sentida por alguém criam um "céu de bronze" sobre nossas cabeças e isto impede nossas orações de subirem .Irar-se contra alguém é visto pelo Todo

Poderoso como um crime,semelhante ao homicídio (Mt5:22).A situação fica mais agravante se a pessoa vítima de nossa ira for um familiar.Pedro explica em sua carta que se o homem magoar sua esposa,ferindo-lhe os sentimentos,sua oração será rejeitada por Deus.Portanto,ai fica o recado aos maridos exaltados: tratem bem suas esposas ou suas petições serão inaceitáveis pelo Senhor

Capítulo - 8

VESTES SEMPRE LIMPAS

Vivemos uma das piores Eras das relações humanas,onde a amizade,o amor e a fidelidade perderam completamente o sentido.Hoje,mais do que em qualquer outra época,as pessoas perderam o interesse em manter sadias seus relacionamentos,valorizando mais as aventuras de que os compromissos duradouros.As vezes me perguntam o que acho á respeito de tantos divórcios,minha resposta é sempre a mesma,acredito que os casamentos se desfazem porque hoje já não sabemos mais amar com o coração e a alma,vivemos apenas uma paixão momentânea,passageira,nos apaixonamos com o olhar,nos prendemos a alguém pela beleza física e não pela decisão de permanecer á seu lado por toda vida.Os namorados de agora possuem liberdades que antes só possuíamos depois de casados.Os jovens fazem sexo durante o período que deveriam apenas se conhecer e,quando poucas vezes decidem se casar,separam-se em um ou dois anos.Isto acontece porque já se cansaram um do outro,a moça se entrega por completo ao rapaz e ao passarem a morar juntos,vendo um ao outro todos os dias,percebem que tudo perdeu o prazer,a magia do primeiro momento ficou lá atrás,nos encontros de motéis e nas experiências que viveram clandestinamente.O que fazia com que os casais permanecessem apaixonados por toda suas existências era exatamente o fato de conservar a magia do primeiro desejo até o altar,pois o tempo que passavam se desejando aumentava n a vontade de pertencer um ao outro até que a morte os separassem,considerando que além disso ainda eram ricamente abençoados por Deus.

8.1 A AUSÊNCIA DE DEUS

Um dia o Pastor de uma grande igreja evangélica,onde eu me congregava,realizava um casamento e foi breve em seu comentário aos noivos: " Meus queridos,vocês estão dispostos a se unirem neste matrimônio e serem fiéis um ao outro até que a morte vos separem?Então eu vos abençoou em nome desta igreja!Amém!" Feito isso ele se retirou do altar e retornou ao seu gabinete. Os presentes ficaram atônitos e a família indignada,os pais dos noivos se dirigiram até o local onde estava nosso presidente e lhe perguntaram:"Porque o senhor nos causou tamanha vergonha diante de nossos convidados?Se não pretendia realizar o casamento de nossos filhos nos avisasse,mas agir desta forma foi ultrajante!" O Pastor da igreja permaneceu em silêncio por alguns instantes e depois pediu que todos o acompanhassem ao salão onde os demais participavam da festa e pediu a atenção de todos os presentes: " Queridos irmãos,estou aqui para esclarecer um pequeno equívoco ocorrido durante esta cerimônia. Os pais dos noivos me procuraram para perguntar porque não os abençoei em nome do Pai,Filho e Espírito Santo.Pois bem,vim lhes dizer que não fiz isto porque Deus não estava presente entre nós naquele momento,sendo santo ele não participa de um casamento onde o casal vive em prostituição,e estou ciente que esta jovem já está grávida de dois meses!"

Talvez o leitor pense:"Meu Deus,que ignorância!".Mas saiba que nosso Pastor não estava errado.Cerca de noventa por cento dos casais comparecem diante do altar nestas condições e esta é a razão de estarem separados em pouco tempo,o matrimônio realizado sob ares de prostituição não recebeu as bênçãos divinas que são necessárias para que viessem a formar uma família protegida e iluminada por Deus.E aqueles que se esforçam para permanecerem juntos após o casamento,apesar das adversidades que colhem no decorrer de suas vidas,geralmente pagam um alto preço pela impureza que lançaram sobre seus corpos.Durante meu tempo de ministério realizei alguns casamentos e me entristeço de ver os jovens que um dia estendi ás mãos para abençoar vivendo debaixo de profunda provação.Uns geraram filhos enfermos,outros que cresceram e se tornaram deliquentes.Eu sempre lembro das palavras daquele Pastor,quando afirmou que Deus não se faz presente para abençoar um casal que ousar comparecer diante do altar com as vestes manchadas pelo pecado da prostituição.

8.2 OS CONSELHOS DE SALOMÃO

Salomão escreveu em seu livro Eclesiastes : " Em todo o tempo sejam alvas as tuas vestes e jamais falte o óleo sobre a tua cabeça" (Ec 9:8).Manter alvas nossas vestes é se manter moralmente puros,e o óleo aqui citado é a unção de Deus sobre a vida daqueles que se purificam do pecado.Eclesiastes foi um livro escrito especialmente para jovens,o objetivo do Senhor em levar Salomão a escrever estes conselhos foi para que rapazes e moças daquela época e de gerações futuras compreendessem a importância de se manterem limpos da prostituição e chegassem dignamente perante o altar,afim de que os céus pudessem contemplar e abençoar a união dos dois.Os atos imorais que se pratica durante a mocidade serão cobradas por Deus mais tarde,quando amadurecemos e temos condições de compreender a profundidade de nossos atos.Assim como o pai faz pouco caso de punir seu filho pelas travessuras feitas enquanto muito criança e somente passa a repreende-lo depois de mais crescido,da mesma forma age o Senhor em relação a cada um de nós.Mais uma vez o rei Salomão esclarece aos jovens esta questão,quando declarou: " Alegra-te jovem na tua juventude e recreie-se o teu coração nos dias da tua mocidade;anda pelos caminhos que te satisfazem os teus olhos;sabe,porém,que de todas estas coisas Deus te pedirá contas" (Ec11:9)

8.3 O EXEMPLO DA IRMÃ FRAQUINHA

Durante um Congresso na Convenção Estadual das Ass.de Deus em Belém,o Pastor fundador deste Ministério na Bolívia fazia um discurso e contava detalhes de sua estadia ali,naquele país,e nos falou de uma experiência vivida com algumas irmãs.Segundo ele,numa de suas visitas aos vilarejos esteve numa igreja onde o Círculo de oração era grandioso,e naquela ocasião foi convidado para ir até uma casa onde uma jovem estava possessa,acompanhado das cinquenta irmãs daquela congregação.Confiante em sua plena comunhão com Deus e vendo-se cercado por tantas mulheres de oração,não teve receio de aceitar o convite.Ali chegando,percebeu dezenas de pessoas na entrada do recinto,os móveis da humilde casa estavam quebrados,os pais da moça dominada pelo espírito imundo encontrava-se num canto da sala,encolhida e completamente suja,suas vestes estavam rasgadas e já tinha espancado todos os que tentaram se aproximar.As irmãs fizeram um círculo ao redor do local e começaram a orar,repreendendo o demônio,mas não estava dando resultados.Então o pastor passou a usar de toda autoridade que possuía como um ungido de Deus e mesmo assim o espírito continuava dominando o corpo da jovem.Derrepente uma das irmãs chamou o pastor em particular e lhe propôs ir buscar a "irmã fraquinha" para expulsar o opressor

Sem entender o porque daquele apelido dado a serva do Senhor,ele foi em seu Jeep á procura dela e a encontrou cinco quilômetros distante da cidade,morando num barraquinho coberto de palha,um pano velho amarrado na cabeça e com pés descalços.Ao se aproximar ela logo lhe disse: "Veio por causa do demônio?Espera lá que já vamos!".O fato daquela mulher morar dentro da mata já o in___ava,ma__ ainda dela já saber os motivos que o levaram a__ __rante a viagem ela nada disse ou perguntou,e ao chegarem na casa em que jazia a endemoniada entrou e seguiu na sua direção,estendeu suas mãos e reprendeu o espírito em nome de jesus.Para surpresa de todos os presentes o maligno deixou a mulher em gritos,ela caiu desmaiada e foi amparada pelos familiares.Depois daquele dia o __stor exigiu que nunca mais apelidass__ __ __ __mã de "fraquinha",pois ela era cheia do poder de Deus.__ __ lev__ria uma mulher como aquela a viver isolada,longe de todo__ __ d__ tudo?B__m,no caso daquela i__mã,seu propósito talvez fosse se dedi__r a oração com toda __a alma,evitando o contato com o mun__o e __uas imoralidades.Segundo o pastor soube mais __rde,ela h__via sido casada apenas uma vez e desde sua viuvez escolheu vi__er sozinha e isolada de todos.

Se o leitor observar os conselhos dado aos jovens por Salomão e ler atentamente a história desta mulher verá um grande contraste entre quem busca a santidade em sua vida,desde a mocidade,e quem dá pouca importância a este detalhe.O poder que ela possuía estava acumulado em sua alma desde a juventude,quando se manteve pura,casando-se depois com um varão e voltando a se manter separada para servir ao Senhor,relegando a segundo plano seus desejos de mulher,depois que chegou sua viuvez.Diferente de tantas outras que ao perder o esposo caem em prostituição ou voltam a se casar,invés de darem seus dias restantes ao serviço da oração,em favor do povo de Deus.Não é pecado para as viúvas casarem-se outra vez,mas melhor seria se dedicassem seu tempo nas coisas do senhor,principalmente as de mais idade (1 Co 7:39).Uma mulher que quando jovem foi levada ao altar contaminada pelo pecado da prostituição,mesmo fazendo parte da igreja durante o restante de seus dias jamais terá em suas orações o poder que teria se tivesse se mantido pura.Deus perdoa nossos pecados,mas não nos vê como inocentes pelo que fizemos durante nossa mocidade.Ai vemos a razão de tantas

servas de Deus sem poder em suas preces,mesmo fazendo parte dos Circulos de Orações de nossas igrejas.Começaram mal,chegaram diante do altar com suas vestes manchadas,até foram perdoadas,mas ficaram fracas,sem o poder do Espírito Santo,que por ser santo se recusa a andar lado a lado com quem não se purificou desde o princípio.

Capítulo - 9

TRÊS PASSOS PARA UMA ORAÇÃO EFICAZ

Durante o período da monarquia ou império,quando o reinado e o imperialismo eram as únicas formas de domínio sobre os povos e nações,existia uma grande reverência aos monarcas por parte das pessoas que compareciam diante de seus tronos,fosse por convite,intimação ou por parte de seus súditos para receberem suas ordens e executa-las .Uma das regras básicas ao chegar diante daqueles homens que muitas vezes se sentiam verdadeiros deuses,como no caso dos antigos imperadores romanos,era curvar as cabeças,ajoelhando-se e evitando olhar em seus olhos.De acordo com a tradição,fitar o olhar neles seria uma afronta a sua realeza ou santidade.Partindo deste ponto da história a pergunta a ser feita,seria: " Se homens mortais recebiam do povo tamanha reverência,porque negamos isto a Deus,quando nos dirigimos a ele durante nossas orações?Se parássemos para ler nossas Bíblias com maior profundidade,dando mais atenção ao que ela nos revela sobre a pessoa do Deus que dizemos servir,veríamos os detalhes de sua majestosa glória,descrita em seus 66 livros,e passaríamos a ter maior reverência diante dele,quando oramos.Um dos profetas que viu a glória do Senhor foi Ezequiel,descrevendo em detalhes aquela incomparável visão.Ao ler os dois primeiros capítulos de seu livro podemos perceber o quanto é tremendo comparecer perante nosso Deus,mes no que não tenhamos a capacidade espiritual de contempla toda sua formosura,ai devemos nos indagar: " Como ousamos ficar diante de tamanha glória sem curvar nossas cabeças,adorar e nos humilhar na presença de um Ser tão glorioso?

9.1 A VISÃO DE EZEQUIEL: DEUS ENTRE OS QUERUBINS (Ez 1: 1-28)

" Olhei, e eis que um vento tempestuoso vinha do norte, uma grande nuvem, com um fogo revolvendo-se nela, e um resplandor ao redor, e no meio dela havia uma coisa como de cor de âmbar, que saía do meio do fogo.E do meio dela saía a semelhança de quatro seres viventes. E esta era a sua aparência: tinham a semelhança de homem. E cada um tinha quatro rostos, como também cada um deles quatro asas.E os seus pés eram pés direitos; e as plantas dos seus pés como a planta do pé de uma bezerra, e luziam como a cor de cobre polido.E tinham mãos de homem debaixo das suas asas, aos quatro lados; e assim todos quatro tinham seus rostos e suas asas.Uniam-se as suas asas uma à outra; não se viravam quando andavam, e cada qual andava continuamente em frente.E a semelhança dos seus rostos era como o rosto de homem; e do lado direito todos os quatro tinham rosto de leão, e do lado esquerdo todos os quatro tinham rosto de boi; e também tinham rosto de águia todos os quatro.Assim eram os seus rostos. As suas asas estavam estendidas por cima; cada qual tinha duas asas juntas uma a outra, e duas cobriam os corpos deles.

E cada qual andava para adiante de si; para onde o espírito havia de ir, iam; não se viravam quando andavam.E, quanto à semelhança dos seres viventes, o seu aspecto era como ardentes brasas de fogo, com uma aparência de lâmpadas; o fogo subia e descia por entre os seres viventes, e o fogo resplandecia, e do fogo saíam relâmpagos;E os seres viventes corriam, e voltavam, à semelhança de um clarão de relâmpago.E vi os seres viventes;

e eis que havia uma roda sobre a terra junto aos seres viventes, uma para cada um dos quatro rostos. O aspecto das rodas, e a obra delas, era como a cor de berilo; e as quatro tinham uma mesma semelhança; e o seu aspecto, e a sua obra, era como se estivera uma roda no meio de outra roda.Andando elas, andavam pelos seus quatro lados; não se viravam quando andavam.E os seus aros eram tão altos, que faziam medo; e estas quatro tinham as suas cambas cheias de olhos ao redor E, andando os seres viventes, andavam as rodas ao lado deles; e, elevando-se os seres viventes, elevavam-se também as rodas.

Para onde o espírito queria ir, eles iam; para onde o espírito tinha de ir; e as rodas se elevavam defronte deles, porque o espírito do ser vivente estava nas rodas. Andando eles, andavam elas e, parando eles, paravam elas e, elevando-se eles da terra, elevavam-se também as rodas defronte deles; porque o espírito do ser vivente estava nas rodas.E sobre as cabeças dos seres viventes havia uma semelhança de firmamento, com a aparência de cristal terrível, estendido por cima, sobre as suas cabeças.E debaixo do firmamento estavam as suas asas direitas uma em direção à outra; cada um tinha duas, que lhe cobriam o corpo de um lado; e cada um tinha outras duas asas, que os cobriam do outro lado.E, andando eles, ouvi o ruído das suas asas, como o ruído de muitas águas, como a voz do Onipotente, um tumulto como o estrépito de um exército; parando eles, abaixavam as suas asas.

E ouviu-se uma voz vinda do firmamento, que estava por cima das suas cabeças; parando eles, abaixavam as suas asas.E por cima do firmamento, que estava por cima das suas cabeças, havia algo semelhante a um trono que parecia de pedra de safira; e sobre esta espécie de trono havia uma figura semelhante a de um homem, na parte de cima, sobre ele.E vi-a como a cor de âmbar, como a aparência do fogo pelo interior dele ao redor, desde o aspecto dos seus lombos, e daí para cima; e, desde o aspecto dos seus lombos e daí para baixo, vi como a semelhança de fogo, e um resplendor ao redor dele.Como o aspecto do arco que apon e na nu em no dia da chuva, assim era o aspecto do resplend em edor Este era o aspecto da semelhança da glória do Senhor e, vendo isto, caí sobre o meu rosto, e ouvi a voz de quem falava.

Diante de tamanha glória o profeta caiu por terra visto que seu corpo mortal não possuía estrutura para suportar a grandiosidade do poder do altíssimo Agora,querido leitor pergunte o que nos aconteceria se tan nosso momentos de orações pudéssemos ver glória na qual estamos envolvidos,ao comparecermos diante do trono de um Deus, tão poderoso? Nossos corpos físicos nos impedem de contemplar as maravilhas do contato com o Senhor e por nada vezes ousamos falar com ele sem nenhuma reverência Assim como os monarcas e imperadores de antigos reinos,nosso Deus,sendo superior a todos eles em glória e majestade,exige de nós,meros mortais,maior humilhação.

9.2.1 A ADORAÇÃO

O primeiro passo ao iniciarmos nossa caminhada até o trono da glória,por meio da oração, é a adoração.Nunca dirija-se a Deus sem antes engrandecer seu poder e glória,mostrando reconhecer sua majestade sobre sua vida.Os hinos da Harpa Cristã,côrinhos,louvores que engrandecem seu nome ou simplesmente dizer,repetidas vezes: "Santo,Santo,Santo és tu,Senhor!",já é um ato de reverência aceita e válida.O importante é adentrar no santuário do Altíssimo batendo suavemente sua porta com uma forma de adoração.Consideremos a visão majestosa de Ezequiel e tenhamos em conta que tamanha grandeza merece e deve ser exaltada com nosso louvor e gratidão.(Jr 5: 22a) (Is 12: 5,6) (Is 42: 10-12)

9.2.2 GRATIDÃO

Depois da adoração iniciamos a nossa conversa com o Senhor,primeiramente agradecendo-lhe pela oportunidade que nos deu de vivermos mais um dia,por todas as coisas que nos concedeu,indo do ar que respiramos até a família que formamos.Sejamos gratos a ele por tudo,sem esquecer de agradecer seu sacrifício na cruz,que nos permitiu ser salvos e a liberdade de nos dirigirmos a ele em oração.Lembre-se que a ingratidão fere a paciência de Deus,ele se entristece quando não reconhecemos tudo o que tem feito a nosso favor.Devemos ser-lhe agradecidos por todas as bênçãos e maravilhas que tem feito em nossas vidas,principalmente por nos resgatar do pecado e da morte (Is 63: 7)

9.2.3 CONFISSÕES

Por último vem o derramar de nossos corações diante da sua eterna misericórdia,levemos em conta que será uma afronta começarmos a pedi bênçãos sem antes confessar nossos pecados,mesmo cientes de que ele conhece nossas vidas e presenciou todas as nossas faltas.Deus é onisciente e onipresente,ou seja,está presente em todos os lugares e sabe todas as coisas.Mas,assim como um pai que conhece tudo sobre seu filho deseja que ele confesse que errou para poder demonstrar sua capacidade de perdoa-lo,assim Deus,por tanto nos amar,deseja que confessemos nossas transgressões para mostrar seu perdão e a profundidade de sua misericórdia por todos nós.Não importa o mal que tenhamos praticado,se confessarmos com sincero coração ele nos perdoará,sara nossas feridas e mudará nossa sorte (Is 29: 11-14) (1 Jo 1:9)

Depois de seguirmos estes três passos importantes na direção do trono de Deus,certamente estaremos preparados para nos achegarmos a ele e apresentarmos nossas petições,com a certeza de que seremos ouvidos e atendidos,pois nossas almas estarão puras,prontas para serem tocadas pela luz de sua glória (2 Pe 3:14) (1 Jo 3:22)

Capítulo - 10

JEJUM E ORAÇÃO

A oração possui o poder de realizar milagrosamente suas as coisas, dependendo apenas da intensidade de nossa fé e da forma como preparamos nosso espírito. O que leva nossas orações a serem fracas e sem nenhum poder é a falta de uma confiança mais sólida em Deus e o despreparo espiritual que insistimos em manter em nossas vidas, chegando ao altar com muitas lágrimas e pouca comunhão com a glória divina. O que leva alguém a ter autoridade em suas orações ao ponto de determinar algo e ver acontecer o que declarou com suas palavras é a fé e a humilhação total de sua carne humana, através do jejum. Talvez o leitor desconheça esta verdade bíblica, mas Jesus ensinou que somente por estas duas condições seríamos capazes de realizar grandes feitos

10.1 O CASO DO JOVEM LUNÁTICO (Mc 9:14-28)

Depois de soprar o Espírito Santo sobre seus discípulos e enche-los de poder, Jesus enviou os doze pelas cidades de Israel, ordenando que pregassem sobre as Boas Novas do reino e expulsassem demônios, curassem, ressuscitassem os mortos, purificassem os leprosos...(Mt 10:8). E saíram realizando grandes feitos no nome de Jesus, mas encontraram um jovem lunático que era possuído por uma casta de espíritos imundos (uma legião) e não foram capazes de expulsa-los. O Senhor chegou ali e o pai do rapaz suplicou que libertasse seu filho, o que fez com apenas   uma palavra de autoridade.Então os discípulos o interrogaram sobre a razão de não   terem tido sucesso ao confronta-los.A explicação do Mestre foi conclusiva: " Para expulsar esta casta de demônios só com jejum e oração".

10.2 O JEJUM

Jejuar é a forma   de humilhar nossa natureza humana e fortalecer   nosso espírito,preparar a alma para entrar no santuário de Deus.Não podemos comparecer diante do Todo Poderoso   da   maneira   como   estamos,dominados   pela carnalidade,com   sua   fraquezas   e desejos,sujos,impuros.Precisamos sujeitar nossos corpos à vontade divina,coloca-los sob o governo de Cristo,permitir que sejamos guiados pelo poder do Espírito Santo e não pelo pecado que reina dentro de nós.Quanto mais enfraquecermos nosso ser exterior,deixando-o sem alimentos materiais,mais nosso ser interior se tornará fortalecido pela alimentação espiritual   que passamos a receber por meio da oração e da comunhão permanente com a glória divina.Aqueles que menosprezam o jejum durante suas vidas se transformam em cristãos fracos e sem poder.Observem que os apóstolos receberam porção dobrada do Espírito de Deus,dado por Jesus,e mesmo assim falharam ao tentar libertar aquele jovem lunático pelo simples fato de antes não terem reservado um tempo para jejuar,humilhar a sí mesmos diante daquele que os usariam para tamanha libertação.

10.3 AS ORAÇÕES DE EZEQUIAS (Is 37: 14-20,23,29-38; 3: 1-22)

Senaqueribe era o rei da Síria e grande inimigo de Ezequias,rei de Israel.Depois de destrur vários outros reinos bem maiores e bem mais fortes,enviou um mensageiro para avisa-lo sobre sua intenção de invadir seu país.Diante da ameaça Ezequias buscou ajuda no Senhor,orando e suplicando imediatas providências para livrar seu povo daquele massacre,visto ser o exército dos

Assírios imensamente maior e mais poderoso.Como resposta o profeta Isaías foi enviado para confortar o rei e lhe afirmar que Deus ouviu sua oração, que enviaria livramento.Naquela mesma noite um anjo passou pelo acampamento dos Assírios e feriu centenas de homens,que amanheceram mortos e com isto aquele rei voltou envergonhado para trás,sem atirar sequer uma flecha contra israel.Como gratidão Ezequias ofereceu um louvor ao Senhor.Tempos depois Ezequias adoeceu gravemente e foi avisado por Isaías que o plano de Deus tirar-lhe a vida,muito aflito orou ao Senhor humilhado e jejuando,implorando sua misericórdia,então o profeta voltou e lhe disse que Deus havia ouvido seu clamor,agradando-se de sua oração, decidiu lhe dá mais quinze anos de vida.Aquele rei era um homem que temia ao Santo de Israel,vivia segundo ordenava sua Lei e tinha plena comunhão com   seu Espírito,por meio de constantes orações e submissão.Era um hábito seu ir ao templo regularmente para orar e jejuar.Estas qualidades levaram Ezequias a ter créditos com o Senhor que ouviu e atendeu suas súplicas nos dias de suas calamidades.Quem escolher viver em submissão aos pés de Cristo,numa completa dependência e humilhação,receberá como recompensa a total atenção de Deus.

10.4   A ORAÇÃO DE SALOMÃO (2 Cr 6:12-42)

Deus ouviu a oração de Salomão porque foi feita com profunda humilhação,naquele momento ele possuia um coração puro,voltado ao seu Senhor,sem reservas,verdadeiro e seu pedido era de acordo com sua vontade .Quando nossas petições são realizadas dentro dos planos divinos são confirmadas,porque agradam a Deus.Ele queria o bem e a prosperidade de seu povo,desejava perdoar e restaurar a comunhão que hora por outra era quebrada,e quando ouviu Salomão clamando para este fim agradou-se de sua atitude e declarou que sempre ouviria as orações feitas naquele lugar.Portanto,oremos de acordo com o que Deus deseja para nossas vidas.

CONCLUSÃO

"A ORAÇÃO EFICAZ, é um breve despertar para a igreja do Senhor Jesus nestes últimos dias,um estudo de temas importantes do evangelho que ajudará a todos quanto estejam interessados em manter um perfeito relacionamento com Deus e seu Santo Espírito,afim de que suas orações sejam de fato ouvidas e atendidas.Para que os cristãos deste século voltem a ter o mesmo poder espiritual que tiveram nossos irmãos na fé do passado...Este livro,que faz parte de uma série com cinco volumes(HERANÇAS DA CRUZ) objetiva despertar em todos os salvos em Cristo o desejo de buscar maior comunhão com ele,orando sempre e sem cessar."

BIOGRAFIA

Abdenal carvalho é brasileiro,maranhense, nascido no ano de 1965,em Caxias,residente na cidade de Belém do Pará desde 1986.Pós-Graduado,com ênfase em Teologia do Antigo e Novo Testamento,autor de vários outros títulos pelo Amazon,com o formato digital (e-book) e no brblurb.com,no formato impresso.

Conheça todas as obras do Autor:
http://amazon.com/author/abdenalcarvalho

Siga-o nas redes sociais:
http://twittercom/drabdenal
http://facebook.com/beda.santos.92

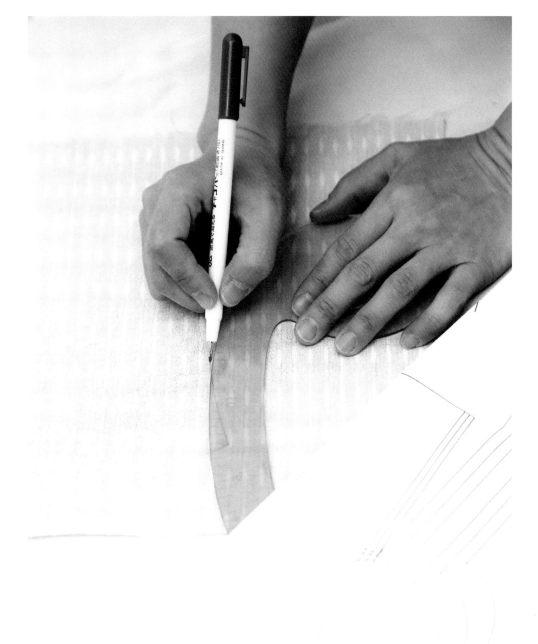

Lightning Source UK Ltd.
Milton Keynes UK
UKIC03n0010300718
326358UK00001B/31